社会主义核心价值体系建设

"双百"出版工程

项 目

/ 100 位

新中国成立以来感动中国人物 /

文花枝

胡 萍/编著

★

吉林文史出版社

《100位新中国成立以来感动中国人物》丛书

★★★★★

编 委 会

前　言

　　每个人的心中都多少有一点英雄情结，都向往英雄、景仰英雄。也正因此，在中华人民共和国建国六十周年之际，由中央十一部委联合组织开展的"100 位为新中国成立作出突出贡献的英雄模范人物和 100 位新中国成立以来感动中国人物"的评选活动中，群众参与投票总数近一亿。这其中的每一张选票，都表达了人们对英雄模范的崇敬之情，寄托着对伟大祖国的美好祝福。

　　一个民族不能没有英雄，否则这个民族就不会强大。当国家危难之时，懦弱者选择了逃避、妥协甚至投降，英雄们却挺身而出，用热血捍卫民族的尊严，人民的幸福。在创立和建设新中国的伟大历程中，涌现出无数可歌可泣的英雄模范人物。他们之中，有为了民族独立和人民解放而英勇牺牲的革命先烈，有为了党和人民的事业而不懈奋斗的优秀共产党员，有在全民族抗战中顽强奋战、为国捐躯的爱国将士，有英勇杀敌的战斗英雄和革命群众，有积极从事进步活动的著名民主爱国人士和国际友人……他们是民族的脊梁、祖国的骄傲，是激励全体人民团结奋斗的精神力量。

　　《100 位新中国成立以来感动中国人物》丛书，就像一部星光璀璨的英雄谱，真实、完整地记录了英雄模范人物不平凡的一生，再现了他们非凡的人格魅力和精神世界。舍身堵枪眼的黄继光，拼命也要拿下大油田的王进喜，中国原子弹之父邓稼先，新时期领导干部的楷模孔繁森……一串串闪光的名字，一个个动人的故事，犹如群星闪烁，光耀中华。

　　当今中国正处于伟大变革的时代，迫切需要涌现出一大批勇于承担历史使命、为祖国和人民奉献一切的先进人物。在"双百"人物崇高精神的引领下，在建设社会主义现代化国家的征程中，必将英雄辈出。

生平简介

文花枝,女,汉族,湖南省韶山市人,中共党员。1982年出生,2003年在湘潭新天地旅行社(现更名为湘潭花枝新天地旅行社)当导游员。现为湘潭大学旅游管理学院学生。

2005年8月28日,文花枝所带旅游团途中遭遇车祸,车上人员6人死亡,14人重伤,8人轻伤。当营救人员几次想把坐在车门口第一排的文花枝先抢救出去时,她没有忘记自己一名导游员的工作职责,大声说:"我是导游,后面是我的游客,请你们先救游客。"并不停地为大家鼓劲、加油。在这起重大交通事故中,文花枝是伤得最重的一个,左腿9处骨折,右腿大腿骨折,髋骨3处骨折,右胸第4、5、6、7根肋骨骨折。她在危险到来的时候,将生死置之度外,把生的希望让给别人,自己最后一个被解救。因为延误了宝贵的救治时间,医生不得不为文花枝做了左腿高位截肢手术。工作中的文花枝一直是一名用真诚和微笑对待游客的阳光女孩,她把游客当成朋友和亲人。每带一个团,她都按事先的承诺服务,每到吃饭时,她都先安排好游客,自己最后才吃。游客称赞她是人品上的"导游",是职业道德的"导游"。她是第十一届全国人大代表,被评为全国道德模范、中国十大杰出青年,荣获全国五一劳动奖章、全国三八红旗手等多项荣誉称号。

1982-
[WENHUAZHI]

◀ 文花枝

目 录 MULU

花枝精神动天地(代序)

——关于在全国旅游行业开展向文花枝同志学习活动的决定

各省、自治区、直辖市旅游局(委)、新疆生产建设兵团旅游局:

    文花枝同志是湖南省湘潭新天地旅行社一位23岁的女导游员。2005年8月28日下午,她所带的旅游团一行28人赴延安旅游,当乘坐的旅游大巴车行驶到洛川县境内时,发生严重交通事故,造成6人死亡,14人重伤,8人轻伤。事故发生时,文花枝左腿严重受伤,九处骨折,胫骨断裂,腰部以下被卡在座位里,不能动弹。危急关头,文花枝从容镇定,一边大声呼救,一边安慰客人。身为导游,座位在车门旁,但她对最先到达并对她施救的人员说:"我是导游,后面都是我的游客,请你们先救游客。"就这样,文花枝强忍剧痛近两个小时,直到最后一名游客被送上救护车,她才接受救援。由于耽误了最佳救治时机,最终导致左腿高位截肢。如今,坐在轮椅上的文花枝身处逆境,依然笑对人生,以积极乐观的心态感染着周围每一个人。作为一名年轻导游员,文花枝同志在平凡的岗位上,做出了不平凡的壮举,展示了崇高的思想境界,谱写了完美的人生乐章。

    临危之际见英雄。"我是导游,先救游客!"文花枝同志在生死关头把生的希望让给游客,把死的威胁留给自己。她不惜以生命的代价向游客实践了诚信的诺言。她的壮举令人称颂,她的事迹感人至深,她的精神给人启迪。文花枝同志的精神集中体现了中华民族的传统美德,充分展示了新时期导游人员良好的精神风貌和崇高的思想境界,也彰显了全国旅游行业的形象和风貌。

文花枝是千千万万旅游从业人员的优秀代表，是全国旅游战线的一名先进分子。她为我们树立了一个可钦可敬、可望可即的学习榜样。

为大力弘扬文花枝同志的先进事迹，激励全国旅游行业特别是广大导游人员爱岗敬业、无私奉献，树立旅游行业的良好形象，国家旅游局决定，在全国旅游战线开展向文花枝同志学习活动。

学习文花枝，就是要学习她无私无畏、不怕牺牲的忘我精神；学习文花枝，就是要学习她诚实守信、忠于职守的道德情操；学习文花枝，就是要学习她游客第一、先人后己的崇高思想；学习文花枝，就是要学习她坚忍不拔、乐观向上的人生态度。

榜样的力量是无穷的。希望全国旅游战线的广大干部职工，以文花枝同志为榜样，把她的精神和事迹作为宝贵的精神财富，不断地发扬光大，体现到扎扎实实做好本职工作中去；像她那样爱岗敬业、尽职尽责，像她那样诚信至上、周到服务，像她那样先人后己、无私奉献；通过开展广泛的学习宣传活动，使全国旅游战线不断涌现文花枝式的先进模范人物，弘扬时代主旋律，奏响人生壮丽凯歌，为促进我国旅游业全面快速发展，实现世界旅游强国的宏伟目标做出更大的贡献。

国家旅游局

2006 年 1 月 9 日

花枝艳

➡ 生死间的抉择

★★★★★

1

2005 年 8 月 28 日，陕西洛川。

湘潭新天地旅行社的大巴上，在导游热情洋溢的解说声中，欢声笑语一路撒播。突然，一辆满载煤炭的大货车从对面超车道横了过来，大巴司机连忙打方向盘，却仍是躲闪不及，"砰"的一声巨响，两车迎面相撞，灾难瞬间降临。

"当时我坐在车里第三排的左手位置，眼睁睁看着一辆运煤车就冲我们直撞过来，容不得你做半点反应，一切都发生了。"作为当时车上的一员，谢东华如今回想起那一幕还是心有余悸。那一刻，他被巨大的冲击力震得晕死过去。

　　煤灰和玻璃碎渣暴雨般地冲刷过来，现场一片血肉模糊，耳边响起的是微弱的呼救声和呻吟声。

◁ 洛川苹果园

"旅游车被撞得严重变形，后排的座位和乘客都被抛到了车厢前头，人和物都扭在一团，叠在一起，我也被死死卡在座位上，不知道自己哪里受伤，只感到钻心的疼痛，浑身上下宛如刀割，只感觉生命在这狭小的空间里无情地流逝……"讲到这里，谢东华痛苦地闭上了眼睛。

　　"加油！加油！"谢东华原本平静的脸庞随着叙说展现出希望之光，"一个声音在车厢里响起，清晰而又坚定，我一开始甚至以为自己是幻听了。"一声声"加油"的鼓励持续不断。"车厢里顿时安静了下来，显然大家听到了。我心里头一热，这不是旅行社的导游小文的声音吗？"

　　这个声音对大家而言并不陌生，因为这几天的旅程里，它一直陪伴着大家，给大家带来了不少欢乐。

　　"大家一定要挺住，救援人员很快就

到了，加油啊！"

"大家不要慌，坚持住，我们一定要活着出去。"

"叔叔伯伯，一定要坚持啊，能打电话的快报警。"

……

"我当时只觉得背上压了什么，好重。胸口非常闷，一口气提不上来，感觉自己马上就撑不住了。"同样被这一声声呼喊鼓励着的还有一位名叫万众一的游客。"虽然无法看到她的面孔，但是那声音我一听就分辨出是小文的了，"万众一回忆，"声音很大，很响亮，以至我都纳闷，小文是坐在前排的，应该伤得更重，我一个大男人都快撑不住了，怎么她一个小姑娘还有那么大力气为大家鼓劲呢？"

文花枝的声音似利剑，穿云破雾，给了车厢里众人坚持的勇气，带给了他们生的希望。"那就是一根救命稻草啊，激发了我求生的欲望，我拼尽全力，支撑摇晃着站了起来……"

2

车祸发生后，由于巡警及时发现了事故，2分钟后洛川县警方与附近群众就赶到了现场，开始了紧张的救援工作。

现场，卡车的头已经冲破挡风玻璃冲进了旅游车，坐在车头的司机和西安古城旅行社的地接导游员当场罹难，旅游车严重变形，现场一片混乱。

由于车前部受撞击严重，旅游车门已经无法打开，救援队只能割开车子从后面窗户爬进去救人。进入车内的救生员察觉到坐在车头的文花枝伤势是比较严重的，正准备先把她运送出去时，她坚定地说："我是导游，我没事，请先救游客。"

灾难面前，求生是一种本能。生死关头能舍生忘死该有何等的胸襟和情怀！在文花枝的坚持下，救援

△ 湘潭旅游团洛川遇车祸

队只好先救其他伤员。救援一直在进行，这两个多小时里，文花枝多次昏迷，但每次醒来她都忍着剧痛给受困的游客鼓气。

质朴的当地农民也自发加入到抢救伤员的行列。文花枝身体被卡住，无法扶起来，一位老农民心疼地扶着文花枝的头，焦急地直念："姑娘，你可咋办呢？你可咋办呢？"这位善良老伯的陪伴和安抚，给了文花枝巨大的鼓励和安慰。

直到下午4点多，救援人员用撬杠艰难地把变形的座椅撬开，救出了最后一位被困人员——文花枝。而在此时，文花枝还特别叮嘱救护人员，一定要确认车厢里是否还有其他游客。

"这个姑娘实在太有责任心了。"洛川县刑警大队大队长王刘安说，"我记得当车上的人把她从车窗递给我时，她浑身是血，左腿已经完全向上翻转，只有一点皮肤连着，露出了森森白骨；右腿也严重弯曲，血肉模糊的……"虽然经历了无数惨烈场面，但回忆起抢救文花枝的那一幕，王刘安依然唏嘘不已。他说，这个姑娘很坚强，伤得那么重，没有泪水也没有喊疼，如此顽强的生命力让人感动。

"8·28"陕西洛川特大交通事故引发的车祸导致了6人死亡（其中包括旅游车司机、西安古城旅行社导游员魏薇和4名游客）、14人重伤、8人轻伤。而在所有的受伤者中，文花枝是伤势最重的一个。

残酷的现实

★★★★★

1

作为伤势最重的伤员，文花枝是最后一个被送到医院的。

在洛川县人民医院，经检查，文花枝左腿 9 处骨折，右腿大腿骨折，髋骨 3 处骨折，右胸第 4、5、6、7 根肋骨骨折，全身多处擦伤。因伤势过重，洛川医院建议文花枝转院。转院前，文花枝的血压几乎为零，生命垂危，医生告诉奄奄一息的文花枝："转院过程中可能会发生意外，你要有思想准备。"花枝回忆起当时自己的心境："那时脑子里只想着：我一定要坚持下去。"

新天地旅行社总经理文雷于次日上午赶到后，着实被吓了一跳。"她已经面目全非了。整个脸都肿起来了，一脸的碎玻璃渣和煤渣子，左小腿肚扭转了180度。除了脖子和头，全身被纱布包得严严实实。"

"我喊'花枝'，她已经没有力气说话，只能眯着眼。"文雷凑上前，却听见了她微弱的询问声："游客怎么样？他们在哪里？""这个年轻的小姑娘见到我的第一句话竟然是这个，完全出乎意料。"文雷至今还记得她那平静而又无奈的眼神。

"就是在车祸现场，自己伤成这样，文花枝依然没有忘记自己作为一个导游的职责。除了将生存的希望让给游客，她在事发的第一时间就给我打了电话，告诉我旅游车出事了，我是从她那里最早得到消息的。"文雷一方面为自己有这样尽职的员工而骄傲，一方面又为花枝惋惜。"我真无法想象她在那种情况下居然还那么镇定。"

文雷还说了一件事。

当时文花枝的包里有将近 3 万元的团款，出事后她一直死死地抱着，谁来拿都不松手，直到上手术台做伤口清创前，医院院长亲自给她做保证，她才松开了手……"当院长告诉我这个细节时，我当场就哭了。"

因为延误了宝贵的救治时间，文花枝伤口受到严重感染，随时都可能有生命危险。8 月 29 日凌晨，经过路上近 6 个小时的颠簸，文花枝被转院到西安市解放军第四军医大学附属西京医院。

然而，一切还是太晚了。

西京医院赵广跃博士——文花枝的主治医生之一，在时隔四个月后对文花枝当时的情况还记忆犹新。当时他十分清楚截肢对于一个花季少女而言意味着什么，在与文花枝家人沟通时也表示会全力救助。但是文花枝所受的动脉损伤对救治时间有着非常严格的限制，超出了这个时间，任凭谁都回天乏术。"从医这么多年，确实见过不少与病魔顽强斗争的患者，但是像文花枝这么年轻又坚强的姑娘，实在不多见。"

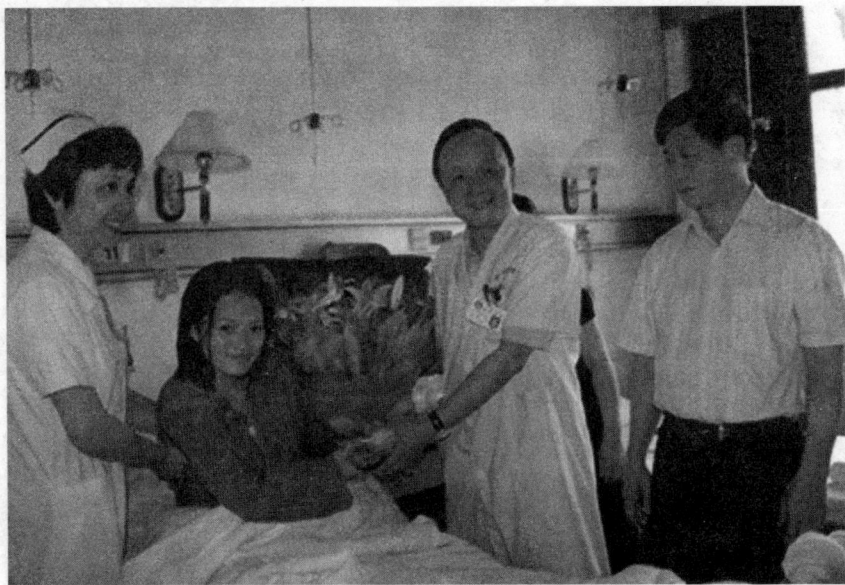

△ 湘雅医院党委书记唐友云、院长陈方平专程来到"爱心病房"看望慰问正在接受治疗的文花枝

当天下午，为了避免伤势进一步恶化，西京医院专家小组为她做了左腿截肢手术。主治医生十分惋惜地说："如果能及早送来救治，她的这条腿是能保住的啊。"

2

手术进行了9个小时。醒来后，看到父母和妹妹等家人围坐在床前，文花枝又笑了。"在西安住院二十多天，我们几乎没有看到花枝落泪、喊疼，唯独那一次。"文花枝的姑妈回忆说，"男孩子都没那种毅力。"

"花枝的生日是12月8日，出事那天她还未满23岁，但她在处理这次事故中表现出的异乎寻常的坚强、乐观，大大超出了我的想象。"文雷清晰地记得9月13日下午4点，当他把左腿被截肢的事情告诉文花枝时那短暂而又残酷的一幕。

在医院时，由于文花枝身上多处骨折，一直不能动弹，再加上被截肢的病人常会产生一种在医学上被称为"幻肢"的错觉，也就是病人总以为自己被截肢体依然存在，所以半个多月的时间里，文花枝一直没有察觉自己左腿没了。9月14日就要起程返湘，家人知道已经不能再隐瞒下去了，向文花枝说明实情的任务落到了文雷身上。

"花枝，有个残酷的现实要告诉你。"

"说吧，我能接受。"

"你的左腿有一段坏了，医生帮你截了一部分……"

"不可能! 我感觉我的腿还在呀，脚还能动啊?"文花枝瞪大了眼睛，不肯相信。

文强强忍着泪水，默默地递给花枝一张CT片。

花枝盯着片子，看了整整两分钟。

猛然间，两行泪如决堤的河水般涌出花枝的眼眶，她失声痛哭。这是出事后花枝第一次流泪。她的坚强，在残酷的现实面前裂了道缝。

泪水奔涌不止，这无声的哭泣揪痛着现场人的心。

花枝抽出了一张又一张面巾纸，使劲按在自己脸上、眼上，不想让人看到她的泪水。片刻，她努力平静了下来，颤抖着嗓子对大家说："我没事了，你们放心吧。"

当时一起住在西京医院的伤员共有三位，每次花枝都嘱咐姑妈多熬些骨头汤、鱼汤，一式三份，给另外两位游客送去。回到湘潭那天，她还跟姑妈嘟囔了句："我是回来了，不知道其他游客们都怎么样了。"

➡ 肩上的职责

★★★★★

当文花枝被截肢的消息传到湘潭新天地旅行社时，所有的员工都惊呆了。

"那一刻，我真的觉得命运实在是不公平，我想不通上帝为什么要同这么善良美好的女孩子开这么一个大的玩笑。要知道，花枝是我们这里相当优秀的员工，她是那么善解人意，体谅他人。"旅行社副总经理陈敏谈起花枝时，眼中泛着晶莹的泪花。

陈敏还清楚地记得，2003年4月自己把花枝领进旅行社的时候："说实话，花枝开始并不喜欢这份工作，因为她的性格有点内向，不太爱说话。而当导游一般需要性格开朗些，还要善于与人打交道。但她在自己的努力和大家的鼓励下，决心挑战自己，最终还是留了下来。没想到短短两年时间，成长得如此之快。"

"如果这件事发生在别的导游身上，我可能还会掂量掂量，猜测是不是有夸大的成分，但是发生在花枝身上，我百分之百相信。"陈敏感叹道。

在同事眼里，花枝一向是"默默吃亏"的人。带团出游，游客没吃她一定不会先吃；客人没吃好，她就自己搭钱给大家加菜、改餐，甚至是一包面巾纸，如果餐馆不免费，她都会自己掏钱为客人买下。"她心中排第一位的永远是游客，唯独少了自己。"陈敏说。

尽管带团时间不长，但很多游客都非常喜欢文花枝，喜欢她对人热情、待人真诚。

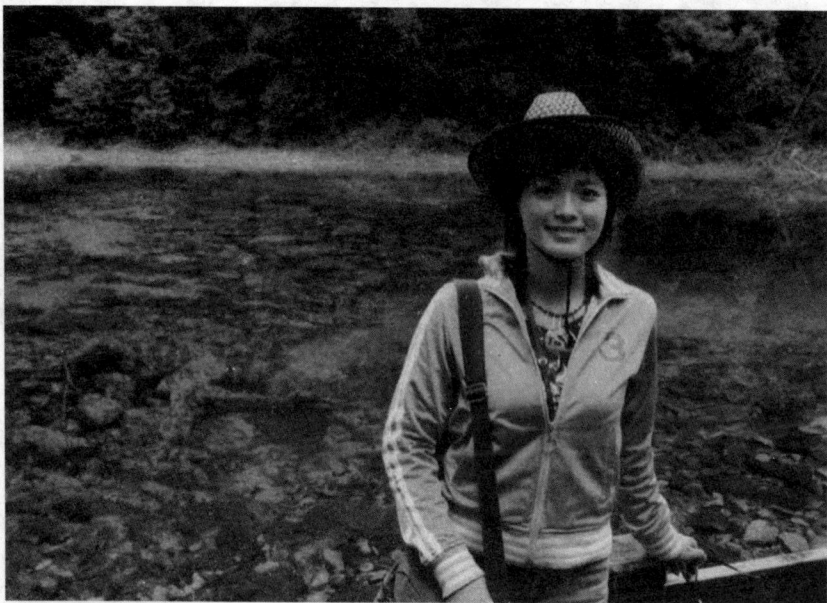

△ 导游文花枝游在江上

　　湖北一位名叫秦垂世的游客在给花枝
的导游意见表里写道："她是我遇到的最有
素质的导游。热情周到的服务、文明的言
谈举止、丰富的文化知识和较高的文学修
养，给我留下了难忘的印象。"

　　"后来躺在医院病床上，听到小文截
肢的消息，想到她在如此伤重的情况下还
给我们鼓劲，真是心如刀绞。"万众一哽咽

着说，"多少次了，一想起小文，我都情不自禁泪流满面。"

→ 笑容下的坚强
★★★★★

2005 年 9 月 18 日，是农历传统的中秋节，就在这一天，文花枝出院乘火车回湘潭静养。那一天全旅行社的员工都早早聚到花枝在市里的暂住地，手捧鲜花迎接她的归来。为了不触动花枝的情绪，大家提前约定：所有人在花枝面前都不许掉一滴眼泪。

"车门开了，就看到花枝在几个

人的搀扶下慢慢地挪出来。原本娇小的身子愈发瘦弱，清秀苍白的脸上，只有那双美丽的大眼睛依旧动人，昔日健康的左腿如今已是空空荡荡……"陈敏说，那一刻她使劲咬住双唇，才艰难地抑制住了就要夺眶而出的泪水，而其中几个与花枝同龄的小姐妹，早已是泣不成声了。

"没有想到花枝那么坚强，在我们面前自始至终都绽放着灿烂的笑颜，没有表

△ 勇敢的文花枝总是笑得很灿烂

现出一丝悲伤，让我既心疼又感动。"陈敏回忆起当时的一幕感慨万千。

熟悉花枝的人都知道，从车祸以来，不管是伤痛还是截肢，她始终没有在人前流过一滴眼泪。亲人们宽慰她，要是痛就哭出来，她却回答："那岂不是让你们更伤心吗？"

这个美丽的年轻姑娘，一条左腿从膝盖上被截掉，劫难打断了她对未来的美好憧憬和设想。记者问她后不后悔，文花枝笑着说，我只是做了自己该做的。

文花枝在住院过程中，每天都能收到大量的书信、短信以及网络留言。八方关爱像潮水般涌向这个有着天使般面容和心灵的年轻导游，人们用包含感动、祝福和敬礼的字句来表达对她的美好祝福和敬意。元旦前夕，一位署名"四川成都西华大学常乐"的陌生朋友为文花枝寄来了他亲手制作的贺卡，贺卡上这样写着：

他未曾见过如此美丽的那只鸟儿

品都斯峰顶点缀的白雪也不能比

化身为天鹅的宙斯，为了他的爱人

也不能更见得洁白

就算勒达有她一般的白羽

又怎能及她此刻的清丽

她是如此的美丽

希望你能收得到

希望你能快快地好起来

希望你是节日中的主角

所有的星光为你点亮

你是微笑的女王

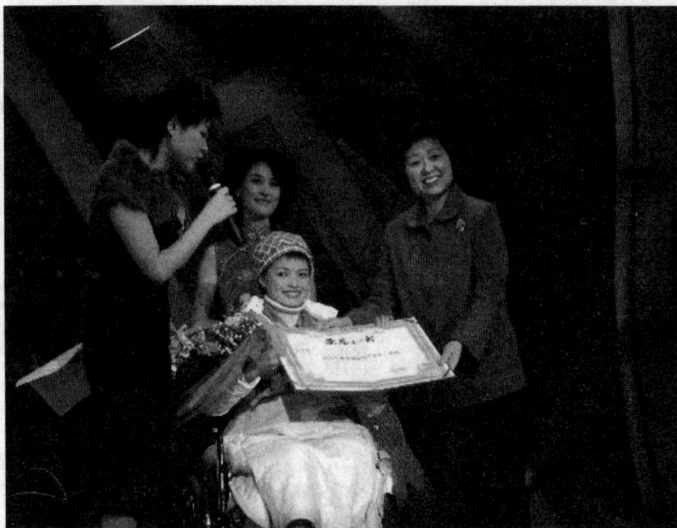

△ 文花枝被授予"湖南省模范导游员"称号

→ 荣　誉

☆☆☆☆☆

　　事故发生后，湘潭市委、市人民政府，湖南省旅游局，陕西省旅游局以及西安市和延安市的当地政府领导以及旅游等相关部门都高度重视，湘潭市两次派出特派小组前往洛川处理善后事宜。有关的保险公司也积极配合，事故处理和善后处理进展非常顺利。

　　湖南省委省政府、湘潭市委市政府以及省市旅游部门领导对文花枝的事迹给予高度关注。时任中共湖南省委人大常委会主任杨正午，时任中共湖南省委副书记、湖南省人民政府省长周伯华等分别做出重要批示，指示要大力宣传文花枝的先进事迹；时任湖南省副省长贺同新、时任湖南省旅游局局长袁新华等分别看望和慰问了文花枝，高度赞扬她"先天下之忧而忧,后天下之乐而乐"的精神。

2005年12月23日，"中国·湖南红色旅游导游大赛"决赛在韶山举行。比赛间歇中，当大赛组织者安排文花枝坐着轮椅出现在舞台时，观众用经久不息的欢呼声和掌声迎接她。湖南省旅游局局长袁新华快步走上了舞台，给花枝颁发了"湖南省模范导游员"的荣誉证书。花枝捧着鲜花，拿着证书，一脸笑容。她的朋友们打出"笑容更灿烂，花枝永美丽"的横幅，齐声喊着口号向她致意……台下不少观众的眼睛都湿润了，而花枝依然是一脸笑容。

"模范导游员文花枝同志优秀事迹座谈报告会"在全国各地宣讲，中华大地掀起了学习"花枝精神"的热潮……

⊕ 心 路

★★★★★

1

回到湘潭，文花枝依然住在她以前的出租屋里。那里与她工作的地方——新天地旅行社只有一条马路的距离。

出租屋里阴冷，整日不见阳光。

伯母和妹妹文俏轮流照顾她的日常起居，每天要给她做数次按摩，花枝自己也尝试着用双拐走楼梯。旅行社的同事们也会时不时过来看望她，陪她聊天，给她解闷。

她习惯用笑容面对公众，也习惯用沉默和发呆来对抗，二者间的转化往往只是在一念之间。

平常的日子里，文花枝总是懒洋洋地缩在被窝里，反戴着鸭舌帽，双眼睁得大大的，里面却无半分神采。乍一看是任性的孩童模样，再细瞧又让人心里发慌。

谈及事故当日的情形，她总是淡淡地回一句："我不记得了。"

2006年1月6日下午，文花枝到湘潭市公安局法医检验所进行伤残鉴定。办公室里人声嘈杂，她却一直低头不语："因为我不清楚医药费、装义肢需要多少钱，赔偿过得去就可以了。"

回来的路上，天终于开晴了，太阳显露出来，一扫连日的阴霾。花枝突然顽皮地大喊："我要去逛街，逛步步高商场！"

周围的人都随声应和，大家都希望花枝能真正开心起来，但只过了一秒钟，花枝脸上欢欣雀跃的表情又淡去了，她又愣神了片刻，怔怔地望着四周。"我不去了，商场里没有专门的轮椅通道。"

△ 文花枝（右）和妹妹在一起

"没关系，我背你逛。"同事笑着劝她。

"不去了，回家。"花枝的语气里充满了失落。

"特别想出去走动走动，但是真正到了外面，自己心里又挺自卑的。觉得不好意思，出去了反而会不开心。"讲起自己当初的心态，花枝不好意思地笑了笑，"可能还是自己心里有包袱，想起自己左腿没了，心里就慌得厉害，害怕别人的眼光。"

2

出事后，南方有家公司想捐款资助花枝的弟弟读大学，要她告知账号，花枝婉言谢绝了对方的好意。"我们家的账已经还清了，况且从来也没觉得家里穷，为什么要接受这笔钱呢？"

出事的那半年里，花枝觉得自己变笨了，胆子也变小了，脾气暴躁了，内心也十分脆弱了。"回家后，哭过两三次，觉得自己实在受不了了。眼泪把眼睛都填满了，再不哭出声人就会爆炸了。"花枝有点不好意思，"其实我特别能忍耐，不好的事情都会尽快忘掉，只是有时候忘记也需要时间。"

父亲能感知花枝的辛酸。"我能感觉她内心非常痛苦，只是从来不当面哭诉。"

由于身体上的伤病，花枝也变得十分敏感。

有一次上电视台做节目，妹妹文俏给她带了串项链，坠子是一个舞姿优美的小女孩。看到小女孩左腿上的两颗水晶掉了，敏感的花枝坚决不肯戴它。

曾有人想探究花枝内心是否真的如她表现出来的那么轻松，他们问花枝是否会为事故现场因先救游客而延误了自己的医治时间而后悔。

花枝是这样回答的："事情都过去了，还有什么可后悔的？如果每件事情都这样，那这辈子要后悔的事情岂不是太多了？那样的话，我见到魏哲浩，就不会只是傻傻地对他说'你好帅'了……"

魏哲浩是湖南电视台的节目主持人，也是花枝的偶像，她喜欢帅气的男孩子。

然而，对于失去一条腿、生活自理尚有困难的女儿，父母却有着不同于花枝的愁思。父亲曾经面对湖南电视台记者提了一些顾虑，比如：想给花枝装好一点的义肢；日后生活的安排；现在住房条件太差，不利于花枝恢复，上下楼都需要人搀扶……

"你提这些干什么？"花枝显然明白父亲的担忧。"在报道的热潮过去之后，花枝的生活该怎么办？能不能找到个好人家嫁过去？"虽然女儿的反问并不能打消父母的这些忧虑，但是女儿这一句话，让父亲在媒体面前再未表现过担心。

3

家里人都认为，她是个性格内向的女孩。做了导游之后，才逐渐变得开朗外向起来。她与其他同龄女孩一样，爱美，爱闹，爱使性子。有同事曾无意中看到花枝的日记，上面记录着她有时一天花不到 2 元钱，花枝就佯装嗔怒："你敢偷看我日记，我记住了。君子报仇十年不晚，看我以后怎么欺负你家小孩！"

她又不同于大多数的同龄人，她率真且不世故。

出事后的一段时间里，花枝一直不愿意接受媒体采访。但是各项荣誉接踵而至，没隔多久她又当选为"2005 年湖南省十大新闻人物"，并被国家旅游局授予"全国模范导游员"称号，而且经常还有市里、省里的领导来看望她……这让她的名字家喻户晓。

有慕名者打电话来盛赞她的美丽，花枝会这样告诉他们："媒体都是比较夸张的，不要特别相信啊。"即使在时任湖南省人民政府副省长贺同新看望她时，花枝也没有用事先准备的感谢稿，她的解释一如既往的直率:"字太多了记不住。"

这就是她的性格。

至今花枝的肘关节处还有大块淤青,

△ 文花枝和玩具机器猫在一起

煤灰沾染伤口后留下的黑斑也存在多处。花枝曾笑着对妹妹文俏说："将来要去做美容，否则夏天穿裙子会好难看的。""现在是残疾人了，以后坐车都不用买票了。"文俏接话："啥时候打车也能免票就好啦。"

两姐妹的笑声让空气中洋溢着暖暖的温馨。

花枝说，如果身体可以康复，她还想去做导游。不过，花枝关心的还有上学的事情。其实，出事的前一天，两姐妹通电话时就在商量着，9月让花枝去联系学校读书，而文俏则去张家界做导游，负责供弟弟上学。

读大学的想法，花枝已经想过很久了。"有时候带团出去，客人就说，某某导游讲得好。旁人插话：'那是肯定的，人家是专门学这专业的研究生。'顿时想到自己，我的心里就沉下去了，很不好受。学习知识还是很必要的。"

花枝韵

→ 成 长

★★★★★

1

英雄出自平凡，英雄的产生绝非偶然。平凡的花枝一夜之间成为英雄，"花枝精神"又有着怎样的铺垫呢？

文花枝的成长经历并不复杂。

她出生在韶山市大坪乡林家湾村，父母都是普通的农民，花枝还有一个弟弟和一个妹妹。作为毛泽东的同乡人，姐妹俩的名字也源自毛主席的诗词：“已是悬崖百丈冰，犹有花枝俏。”

　　花枝的母亲常年患病，一家五口靠父亲种田为生，生活极为艰难。除了种田，家里还喂猪、养鱼。有业务时，花枝的父亲还利用晚上开着一辆拖拉机跑跑运输。懂事的花枝从小就养成了朴实、勤劳、负责、

△ 湖南省韶山市文花枝家乡景色

坚强的性格。弟弟出生时，年仅 4 岁的花枝就开始承担起给 1 岁的妹妹喂饭的任务。她 7 岁就学会了做饭、洗衣，带着妹妹和弟弟去地里扯稗子。她总是记着："我是姐姐，理应照顾好全家。"

花枝家至今住的还是 1980 年建的土坯房，连窗户都没有，四面不通透，屋顶却是透风透得厉害。一碰上阴雨天气，常常是屋外大雨屋内小雨。家里唯一值钱的东西，就是 2004 年春节花枝给家里买的一台 29 英寸的彩电。"因为家里孩子多，哥和嫂子攒了钱总是选择给孩子们读书花，而不是盖新房。"花枝的小姑姑解释说。

作为家中的老大，父母对文花枝的要求就是尽早就业，外出打工时尽量多赚点钱回来，帮着供弟弟妹妹读大学。1999 年，花枝定向毕业，她去了浙江丽水的一家三星级宾馆打工。

△ 出事前的文花枝乐观、漂亮、懂事

当时花枝在酒店里做的是客服工作。当时刚接这个工作时需要交付一笔押金，要 1000 元。花枝没有钱，却也没和家里提起，后来家里知道了这个事情，东拼西借凑齐了给她汇款过去，结果又被花枝退了回来，再寄过去还是被退回。她说："爸、妈，你们不要操心，我能解决。家里也不要再向别人借钱了。"后来，父亲才知道，花枝当时每个月工资只有318元，每月要扣掉300元做押金，剩下的18元就是她一个月的所有收入了。除了酒店安排的免费中餐外，花枝每天都靠一个糯米团子维持体力……

回想起当时女儿在外打工所受的苦难，父亲泪水涟涟：

"花枝在外面打工的三年很少向家里诉苦，她总是告诉我们'我很好'，很乐观。她平时很少回家，过年也不回来，她总是说在外面过年很好玩、很热闹，其实我和她妈都知道，有谁家的孩子过年过节不想家啊！这孩子就是太懂事，她觉得回趟家车费很贵，宁愿过年加班多拿点加班工资来补贴家用。她每个月都会寄钱回来，自己只留一点生活费。花枝其实很爱漂亮，喜欢漂亮的衣服，但是这么多年她很少买，偶尔买一件也是特便宜的那种。"

在那里工作了三年，花枝只回家过两次，因为节假日加班可以拿双薪，还有额外红包。

后来因为宾馆环境比较复杂，经常会遭遇客人的骚扰，花枝于是辞职回到了家乡，开始了导游的工作。

2

在旅行社工作的这几年里，她陆续给家里寄回了几万元钱，帮助家里盖了新的猪圈，修了晒谷坪，安装了沼气池。文俏读大学，每年近5000元的学费也是由花枝来承担的。

文雷说，花枝一直很坚强，也很刻苦，是位优秀的好员工。

2003年5月，花枝刚加入新天地旅行社，由于当时是"非典"时期，旅行社的生意十分冷淡。虽然只是一名普通员工，但是花枝很为旅行社的状况着急。6、7、

△ 文花枝（左二）和同行在南山小月湾合影

8 这三个月正是酷暑，烈日当头，花枝带着资料四处跑业务，她找准了湘潭钢铁厂。湘潭钢铁厂号称"十里钢城"，占地十分广，厂里职工平时上班进出都得搭坐两元一次的出租摩托车。为了节省这两元钱，花枝拜访客户都是坚持步行。"非典"过后，旅行社接的第一笔单子就是湘潭钢铁厂的客户。目前，湘潭钢铁厂的业务量占旅行社业务量的30%。

2005年3月，文花枝正式拿到导游证后，就更加勤奋了。她常说："作为导游就是要视游客为亲人，要以真挚的感情对待每一位游客。和游客之间有了感情交流，才能带好旅游团队。"

乐前勋是花枝曾经带过的一名游客。在他印象里，文花枝这个小姑娘虽说年纪不大，想事情却非常周到。2005年7月底他随花枝的团到东江漂流。当时晚上很凉，所住的当地农户家没有热水，游客累了一天都想好好洗个澡，为此，花枝想方设法为大家弄来热水，感动了不少人。

还有一位湖北的游客也曾在意见书上写道：花枝

是我遇到的最有素质的导游。她热情
周到的服务，文明的言谈举止，丰富
的文化知识和较高的文学修养，给我
留下了终生难忘的印象。我们笑在
脸上，她笑在花丛中……

→ 在湘潭大学学习

★★★★★

2006 年 8 月 31 日，在党和国家
领导人的亲切关怀和有关部门的支持
帮助下，文花枝如愿以偿地进入湘潭
大学学习。

中专毕业的文花枝在工作期间一

直有进入大学学习的强烈渴望。进入湘潭大学学习，她的人生翻开了新的篇章。

进入大学后，花枝并没有陶醉在自己曾经的英雄举动中，也不曾炫耀获得的各种荣誉，她迅速地转变了自己的角色，以一名普通学生的身份融入其中，她曾在博客中写道："媒体把关注的焦点投向我时，我以一颗平常心来对待所有。我已经做好了媒体宣传过去后的心理准备：要继续做自己该做的、想做的事。文花枝还是原来的文花枝，不是英雄，也不是名人，只是亿万个普通人之中的一个。""其实所有荣誉都是授予那种精神的，我只是幸运地成为了载体。"花枝说，"媒体描述的那个文花枝，那是长着翅膀的天使，不是我！"她认为，荣誉随着时间的推移会慢慢被人淡忘，之后还是要脚踏实地走好自己人生的每一步。

在学习上，文花枝学习目的明确，态度端正，勤奋刻苦，锐意进取，对大学课程充满了浓厚的兴趣。在朝夕相处的师生眼中，她是一个善良爽朗、充满韧性、上进好学、非常认真的大学生，看不到英雄人物的影子。湘潭大学专门为文花枝安排的辅导老师刘建平教授说："文花枝在我的课堂上给我留下了太多的感动，她给我的印象是极其深刻的，她完全实现了一名英雄人物到普通大学生的转变。""每堂课，文花枝都是提前到教室，而且总喜欢坐在教室的第一排，每堂课都认真听讲，课堂笔记也记得非常详细。在后来的交流中，我发现她对学习的那股韧性、热情和毅力像一名即将参加高考的学生，我完全看不出她作为英雄人物的'架子'。"

生活中的花枝是活泼开朗、热情大方、充满激情的，脸上一直挂着阳光般灿烂的笑容。文花枝的同学李安然说："生活中的花枝姐，永远都是那么的乐观和开朗，无论在哪儿，只要有她在，就会有欢乐和笑声，她的乐观精神时时感染着我们。学习中的花枝姐，勤奋上进，踏实刻苦。走进人群中，

△ 湘潭大学校门

她会平凡得让你注意不到她的身影。"文花枝对待班上的每一个同学都像对待自己的兄弟姐妹一样，当花枝了解到班上部分北方同学对学校的饮食不很适应的时候，常常会邀请他们去自己的家中，让母亲亲自下厨，给她的同学们改善生活。当文花枝知道班上有位同学手骨折后，马上让妈妈熬了一罐母鸡汤送给这位同学。

平日里，在大家看来，花枝总是那么

的快乐和轻松，但事实上，她也有辛苦和忙碌的一面，她常说："对于现在的我而言，做每一件事情的时候更多的是出于对社会的一种责任，我只希望尽我自己最大的力量为社会做些事情，回报那些关心、爱护我的人。"花枝总有收不完的来自四面八方的信。可是，要亲手回这么多的信可就不那么轻松了，一个下午坐在书桌前回信对她来说是十有八九的事，要是特别忙的时候，她会挑出高考的学生、军人和牢役人员的信来回，因为学生要高考，关系到一生的前途命运，牢役人员一定要多鼓励，而军人是她最崇拜的。

在各种相关的校园活动中，大家总可以看到花枝的身影。篮球场上，可以听到她那热情的加油声；开学时的迎新点上，许多新生感受到了她那亲切的关心；新生才艺大赛上，更可以领略她那激情的歌声……。面对这一切，花枝说，她只是做了自己该做的！

→ 最美的火炬手

★★★★★

正在北京参加第十一届全国人大一次会议的湖南代表团中，文花枝是年龄最小的代表。这位被誉为"中国最美女导游"的韶山女孩还将承担另一个新的使命——北京奥运火炬手。2008 年 6 月，文花枝将以奥运火炬手的身份参加湖南省境内的北京奥运会火炬传递活动。在赴京出席"两会"

之前，文花枝在九所宾馆接受了记者的专
访。

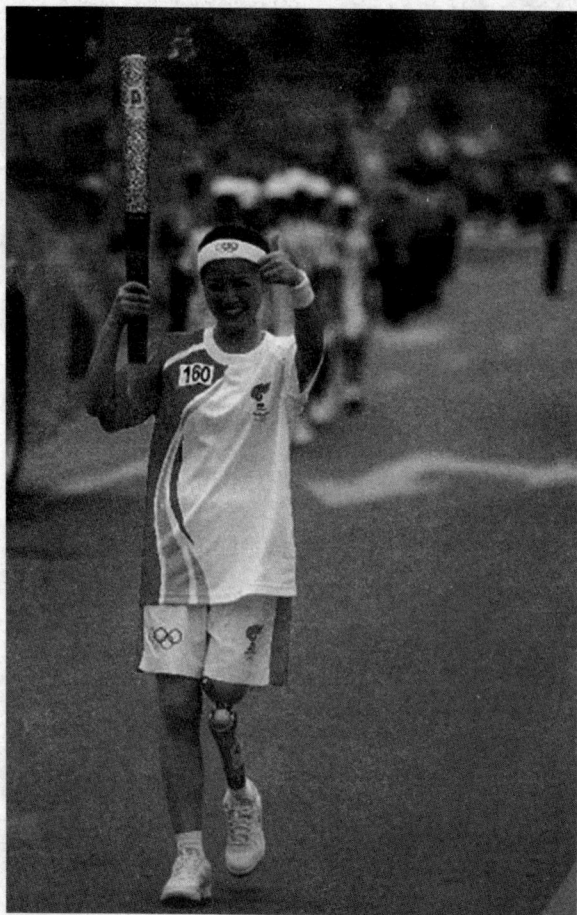

△ 最美的火炬手

喜欢看"漂亮"的运动

在接受记者采访时，花枝的妹妹文俏正倚在床头不断地换着电视节目。电视屏幕上出现深圳跳水大奖赛的新闻时，文俏举着遥控器的手放下了。"花枝平时看体育比赛吗？"记者问道。"其实我对体育并不是很懂。有重大的体育比赛时，我就会关注，比如奥运会。"花枝坦率地回答，"我喜欢看那些很漂亮的项目，比如说跳水和体操啊，都好美啊！"看着电视里的郭晶晶，花枝一脸灿烂的笑容。"不过，我不喜欢看足球、篮球，我看不懂，那些规则好复杂的。"花枝补充说。

体育是力与美的结合。这个爱美的女孩喜欢从残酷的竞技体育中寻找美丽的一面。只是那些优美舒展的动作对花枝目前来说只能是默默地欣赏。尽管在左腿装上了义肢后，花枝已经能够正常行走了，但从花枝说自己喜欢看跳舞的表情中，记者也分明读出了一个25岁美丽女孩心中的遗憾。

对于2005年8月28日那次车祸事故中先人后己的救人事迹，花枝淡淡地笑着说自己是个普通的农村女孩。事后，花枝陆续获得了"全国十大杰出青年"、"全国五一劳动奖章"和"全国道德模范"等荣誉，这次又当选为第十一届全国人大代表。对于这些，花枝也只是淡淡地笑着说自己现在是一名大学生。

在湘潭大学旅游管理学院的学习与生活中，花枝和其他普通大学生一样上课、挤食堂、上网。她说，自己最头痛的是微积分，而最擅长的还是与旅游有关的专业课。那是否花枝毕业后还想从事旅游方面的工作呢？花枝又笑了："哇，我现在大二，想这个还太早了吧。我觉得现在最重要的是要把学业做好，我想，从北京出席'两会'回来后要抓紧补上落下的学业了。"

想把"祥云"带回家

记者采访花枝的当天，花枝正参加在湘第十一届全国人大代表的初任培训班。为期两天的培训对于花枝来说是一次陌生而意义特别的学习过程。"这对我来说，有太多新知识需要学习。"花枝一边说，一边整理着手边两本与培训相关的书。"我这次带去的是一个关于韶山红色旅游的建议。真的只能是建议，要学的太多了。我希望这次去北京能提高自己的能力。"

尽管花枝说自己要多花时间用于学习，但她也表示，参加湖南省于6月举行的火炬传递活动是荣誉，更是责任，不会耽误自己的学业。花枝坦言，自己以前对奥运火炬手了解不多，但当自己有幸成为了奥运圣火的传递者后，才认识到一名奥运火炬手的责任。"就像导游这个职业，它不仅是个称号，还是一种坚持和责任。我想，火炬手也应该有爱心，有奉献的精神。"花枝表示，如果社会需要自己做一些有益于北京奥运的事情，她将义不容辞地去完成。

根据规定，每个奥运火炬手都将跑完一段 200 米的距离。考虑到身体状况，花枝将被特别允许走完这段路程。"我想不论是哪种姿势完成这 200 米的火炬传递，都应该姿势漂亮点吧。"花枝还是一脸的灿烂，让人似乎淡忘了这个女孩曾经遭遇过车祸的重创。

在记者结束采访时，花枝突然兴奋地问记者："火炬传递完之后，我是不是可以把祥云火炬带回家啊?"当记者告诉她,每一届奥运会都会制作大量的火炬,而每一个火炬手都有机会保留一支火炬作为纪念时,此时的花枝就像个刚收到礼物的孩子,高兴地转向妹妹文俏:"如果可以带回家保存的话,将是怎样重大的意义啊!"

那一刻,房间里荡漾着花枝的笑声,周围的空气暖暖的,春意盎然。

华声在线　邓晶珊

2008.3.18

2006 年 10 月 27 日，由中宣部、国家旅游局、中共湖南省委共同举办的文花枝先进事迹报告会在北京人民大会堂举行。

➡️ 我只是做了我该做的

★★★★★

文花枝

我叫文花枝，是湘潭大学的一名学生，在这之前，我是湖南省湘潭新天地旅行社的一名导游员，从事着旅游行业最基层的工作。

我出生在一代伟人毛泽东主席的故乡韶山，是一个普通农民家庭的大女儿。如果不是一场不堪回首的事故，我今天不会来到大家面前，如果没有党和国家、各级组织和领导，没有社会各界无边的关爱，我更不可能活着而且站立在庄严神圣的人民大会堂。

　　在车祸发生之后，是当地百姓和交警伸出的援助之手，才把我和我的游客及时地抢救了出来。对当时的情形，我现在的记忆只剩下一些或模糊或破碎的片断和画面。记得当我被卡在车内无法动弹时，有一位农民大爷来到了我身边，看见我，他喊道："快过来几个人。"很快过来了几位救援的同志帮助救援。正是许许多多像这位大爷一样的人的无私的爱，才使我们更加坚定了在困境中生存的信心。

　　总有人问我，在那样的情况下，你为

什么还能微笑? 还有媒体的记者问我后悔
不? 其实，当我得知我的左腿被截肢后，
我不相信；当我知道这的确是事实后，我

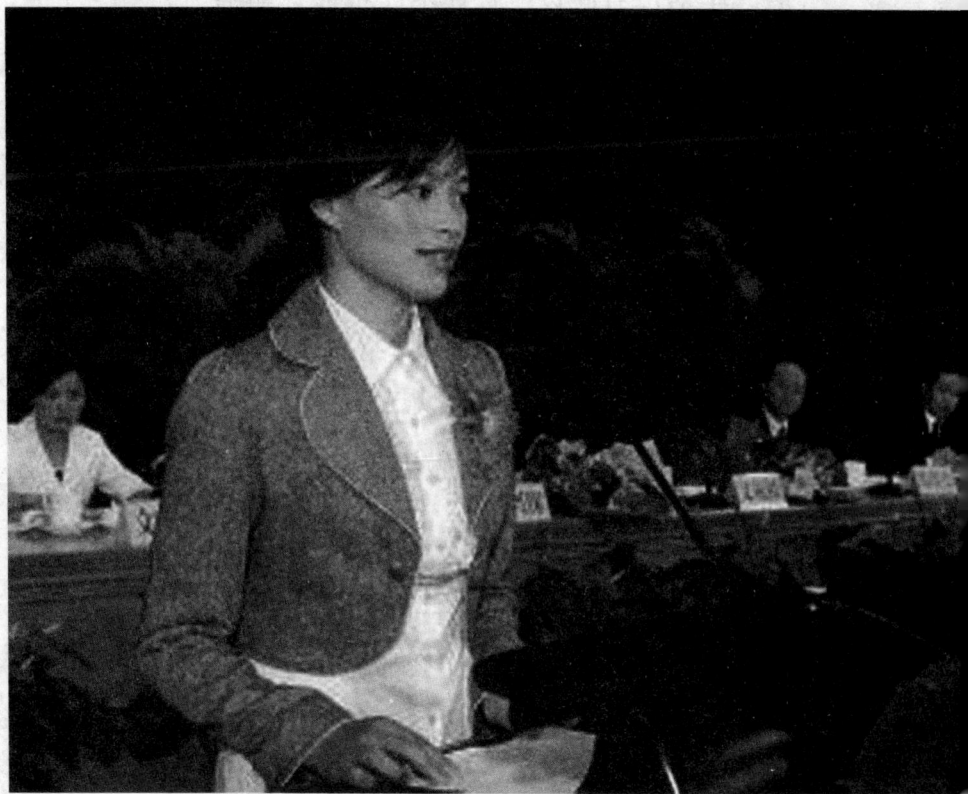

△ 文花枝在做报告

流泪了。我还很年轻，生活的路还好长好长，失去了一条腿，我怎么走啊！我很伤心。但我不能哭，我已经给亲人们带来了痛苦，不能让疼我爱我的人更加伤心了。我不后悔。生活没有假设，责任不能推脱。事后我倒是经常这样想：我是幸运的，如果我当时被撞死了，我就只是一场车祸的遇难者。正因为我活着，才有机会做了这些事情。我不会忘记，地陪导游魏薇，一个高挑美丽、有责任心的东北姑娘。和我相比，她失去的却是宝贵的生命。我想，如果她活着，她一定也会这么做，而且做得比我更好。

躺在床上养伤的日子里，我想了很多很多，其中感触最深的是生命和健康的重要。没有这两样，想做什么都做不了。尤其是在我自己经历了死的威胁后，更明白了生命的可贵、工作的美丽，更觉得生活中充满阳光。

我只是做了自己认为应该做的事，我还有一条腿！党和国家给了我太多的荣誉，全社会给了我太多的关爱。党和国家领导人及部里、省里、市里的领导们，接见慰问我，从生活、学习、工作方方面面关心爱护我。每一句话都滋润我的心灵，每一件事都感动我的肺腑。我还获得了好多想都不敢想的崇高荣誉，并且光荣地加入了中国共产党。我只是一个普通的导游员，只是做了自己认为应该做的事，我付出的太少，得到的却很多。我当然也清醒地看到，我是微不足道的，荣誉不只属于我个人，它属于我们所有的旅游从业者。党和国家领导人的关心，也绝不只是对我一个人的关心，而是对所有旅游从业人员的关心和爱护。全社会对花枝的赞誉，同样也是对旅游业整体形象的赞誉。最近，国家旅游局又为我安装了最好的假肢，我终于重新站了起来，我还被选送到我向往已久的湘潭大学学习，圆了我的大学梦。对这一切，我内心万分感激，我更会万般珍惜！

灾难、关注、荣誉——我的人生在一年多的时间内起伏跌宕，今后的人生将一如往常那样平静、自然。在以后的日子里，希望人们再提到文花枝时，想到的不是车祸而是其他更美好的事情。

文花枝是全国旅游从业者学习的楷模

★★★★★

国家旅游局局长　邵琪伟

今天，中共中央宣传部、国家旅游局、中共湖南省委，在北京隆重举行"全国模范导游员文花枝同志先进事迹报告会"，号召全社会学习文花枝同志的先进事迹。报告会前，中共中央政治局委员、国务院副总理吴仪亲切接见了报告团全体成员，代表党中央、国务院向文花枝同志表示亲切慰问，称赞她是全国旅游从业者学习的楷模，是实践"三个代表"重要思想的先进代表，是践行社会主义荣辱观的时代先锋。吴仪副总理要求全国旅游行业和导游员都要以文花枝同志为榜样，热爱生活，热爱工作，勇于拼搏，乐于奉献，当好形象使者、文化使者、友好使者，为中国旅游业立功，为构建社会主义和谐社会多做贡献。我们一定要认真学习、深刻领会吴仪副总理的重要讲话精神，并努力贯彻落实到实际工作中去。

文花枝同志是全国 32 万名导游人员的优秀代表，是新时期我国旅游从业人员的先进代表，是当代青年的楷模。她在生死关头表现出的舍生忘死的牺牲精神，在危急时刻表现出的忠于职守的敬业精神，在困难面前表现出的坚忍不拔的进取精神，在受伤致残以后表现出的笑对人生的乐观向上精神，展现了中华民族先人后己的传统美德，展示了青年一代勇于拼搏的时代精神，体现了旅游从业人员乐于奉献的职业情操。忠于职守、勇于牺牲、坚毅刚强、乐观向上，是"花枝精神"的集中表现。

学习文花枝同志的先进事迹，弘扬"花枝精神"，要像文花枝那样，树立正确的世界观、人生观、价值观，坚定理想信念，把人民群众的利益放在首位，勇于牺牲，甘于奉献，模范实践"三个代表"重要思想，自觉践行社会主义荣辱观；要像文花枝那样，爱岗敬业，恪尽职守，牢记使命，全心全意为海内外游客服务，不惜以生命为代价，忠实地履行一名旅游从业人员的光荣职责；要像文花枝那样，始终保持乐观向上的人生态度和自强不息的拼搏精神，身处逆境，依然笑对人生，面临困难，不屈不挠，以坚毅和刚强迎接挑战，面对赞誉，从容淡然，依靠自立自强，演绎积极进取的人生乐章，用实际行动配上时代发展旋律。

文花枝同志来自旅游战线，是我国旅游行业的骄傲。在全社会广泛开展学习文花枝同志先进事迹的活动中，我们旅游行业要带头学习，努力实践，争做表率。要把学习文花枝同志先进事迹与当前全行业正在开展的践行社会主义荣辱观活动、提升中国公民旅游文明素质行动、深入开展诚信旅游建设、加强旅游从业人员队伍建设和思想道德建设等系列工作紧密结合起来，使"花枝精神"在全行业不断发扬光大，成为推动我国旅游业蓬勃发展的强大精神动力。

不久前，我在会见世界旅游组织秘书长弗郎加利先生时，向他介绍了文花枝的先进事迹。弗郎加利先生激动地说，文花枝的事迹让人感动，他愿意以适当方式在全球旅游业广泛传播文花枝的故事和精神。

"一花独放不是春，万花齐放春满园。"我们衷心期盼，有越来越多文花枝式先进人物的涌现，不但在中国，而且在全世界树立起中国旅游从业人员的美好形象。

→ 危难时刻，花枝给了我们勇气

★★★★★

亲历事故游客　周密群

8月28日，我们前往延安，下午2点半左右，忽然，"砰"的一声巨响，我来不及做出任何反应，就被撞得晕了过去。等我醒来的时候，第一眼就看到丈夫满脸的血迹，而我自己被椅子卡住了，不能动。四周是微弱的呼救声和痛苦的呻吟声。这时，我听到同事老万的喊声："导游！导游呢？"前排传来花枝清脆的回答："我在这里，也受了伤，脚被卡住了。大家不要慌，坚持住，我们一定要活着出去！"这声音就好像一支强心剂，立刻激起了我求生的欲望。因为靠窗，我勉强支起身子向窗外大声呼救，一辆路过的延安的旅游车主动停了下来，把我们母子送到了医院。

我们获救后，洛川交警大队的领导特意来看望我们。一位交警对我说："你们的导游真不错，少见的顽强啊！我们在勘查事故现场时，她的左腿翻转，脚板底冲着自己的脸，露出森森白骨，右腿也是血肉模糊。王大队长把她从事故车上抱下来时，她还问车上还有伤员没有，这是令我们一辈子也忘不了的一句话。"同行的老万说："如果不是小文不断地鼓劲，自己一口气没接上来，可能也就完了。"正是她在危难时刻的鼓励，给了我们信心，给了我们力量，给了我们支撑下去的勇气。

丈夫告诉我，他听到花枝对救援的人说："我是导游，先救游客。"真不简单！我的父亲是先于花枝获救的最后一名游客。他说："小文一醒来就给我们加油。救援的人在移椅子的时候，她还在组织喊着号子：一、二、三。小文真是个好姑娘啊！"

回到湘潭，当我们还躺在病床上的时候，花枝便叫她母亲和妹妹文俏早早地来看望我们。那天早上 7 点刚过，文俏母女就来到了我们的病床前。文俏告诉我，花枝心里老惦着大家，嘱咐她们一定要来看我们，而她自己却痛得整晚整晚睡不好，一直要有人帮她按摩，母女二人是趁她在凌晨时分好不容易睡着的时候来看我们的。花枝是真正把我们游客放在心上。出院后，我也曾多次和同事一起去看望花枝，每次见到她，都会被她的豁达乐观所感染，她脸上依然绽放着灿烂的笑容。那是一种洋溢着青春活力，散发着生命光彩的微笑，是一种在遭受不幸之后依然乐观向上的微笑。

→ 花枝是我们公司最好的员工

★★★★★

湘潭新天地旅行社总经理　文雷

在同事们眼里，花枝一直是个勤奋刻苦、任劳任怨的好同事。她是2003年4月加入我们公司的。当时，由于正值"非典"期间，旅行社根本没有业务。她虽然只是一名普通的新员工，却很替公司着急，抱着一摞资料便开始跑起了业务。她当时选择的是湘潭一家大型企业。厂区很大，为了节省开支，花枝每天都是步行去拜访客户。6、7、8月，烈日当头，厂区就像一座火炉，酷热难耐。花枝从不间断，一天接一天、一户接一户地挨家拜访，漂亮的小姑娘很快就晒成了小黑妹。她的诚心终于打动了客户。"非典"过后，旅行社接的第一个团就来自这家企业。三年来，文花枝的业务量也一直在公司名列前茅。

正式做导游之后，花枝又是一位时时、处处为游客着想的好导游。她常说："作为导游就是要视游客为朋友和亲人，要以真挚的感情对待游客。和游客之间有了感情交流，才能带好旅游团队。"

湘潭游客乐前勋告诉我们：文花枝这

个小姑娘年纪不大，但想事情非常周到。去年 7 月底，他随花枝的团去一个新开发的景点漂流，由于当地条件有限，当时他们住在农户家。游客们累了一天都想好好洗个热水澡，而当地农户家却没有热水。为了让游客们休息好，花枝就自己挑着桶子、打着手电摸黑去上百米远的井里挑水，然后又亲自下厨房烧热，想方设法为大家弄来热水。大家都感到非常满意，她却忙到很晚才睡。

就这样，文花枝凭着自己的热情和责任心，给许多客人留下了美好的印象。一位湖北游客这样称赞花枝："真的，她是我遇到的最有素质的导游。她热情周到的服务、文明的言谈举止、丰富的文化知识和较高的文学修养，给我留下了终生难忘的印象。我们笑在脸上，她笑在花丛中。"一位安徽游客在得知花枝受伤的消息后，发来这样的短信说："文小姐的真善美一次储存记忆里，终身挥之不去。"

在住院的那段日子里，她每天都要从睡梦中痛醒很多次，但医生和她的家人却没有看到过花枝落泪，从没有看到过花枝喊痛。当时一起住在西京医院的还有另外两位受伤的游客。花枝总是嘱咐她的家人多熬些骨头汤、鱼汤，给另外两名游客送去。

如今，虽然事故已经过去了一年多，花枝已经在党和政府以及社会多方面的关心和帮助下重新站了起来，但花枝面对工作时的责任心和热情，花枝面对生死选择时的无私、无畏，面对截肢后残酷现实的坚强、乐观，一直激励着我们。在我们眼中，她不仅仅是一名普通的导游，而且是我们个人品德的"导游"，我们职业道德的"导游"，我们精神和心灵的"导游"。

姐姐,我为你骄傲

★★★★★

文花枝的妹妹　文俏

　　我是花枝的妹妹文俏。虽然一场突如其来的灾难，让我和我的全家感到无比的伤心，但现在我更为有这样勇敢、坚强、乐观、向上的好姐姐而骄傲、自豪！

　　姐姐花枝只比我大 2 岁，但她从小就是我的靠山，很懂事、朴实、负责、坚强。家里有事总抢着做，生怕父母累着，怕我和弟弟饿着。

由于我们家中有三姐弟，家境也比较清贫，尽管学习成绩不错，但姐姐初中毕业后还是选择了读中专以减轻家里负担，毕业后就开始帮父母养家，供我和弟弟上学。

　　花枝17岁中专毕业后来到浙江丽水一家酒店做客房服务，当时进酒店要交押金，花枝没有钱，但也没向家里提过。后来家里知道了这个事情，东拼西凑把钱凑齐了给她寄过去，结果被她退回来，再寄过去还是被退回来。她当时就说："爸、妈，你们不用操心，我能解决，家里不要再向人家借钱了。"后来我们才得知，花枝头几个月见习工资才318元，每月要扣掉300元做押金，剩下的18元就是她一个月所有的收入了，除了酒店安排的免费工作餐外，花枝每天都只吃一个糯米团子维持体力……后来工资涨到一个月1000多一点，她每月也只留下生活费，剩下的全部都寄回家里。

在外面打工三年多时间里花枝只回家过一次，过年也不回来，她总说在外面过年好玩，其实爸妈都知道，有谁家的孩子过年不想回家啊，姐姐是觉得回趟家车费很贵，她宁愿过年加班多拿点加班工资补贴家用。姐姐其实很爱漂亮，喜欢漂亮的衣服，但是这么多年来她很少买，偶尔买一两件也都是很便宜的，她却很满足，从来没有牢骚。

18 岁那年，高中毕业已在外打工一年的我执意去读大学，当时我打工时的老板以及打工认识的几个老板都愿意借钱或赞助我的学费，花枝知道后立即打电话回家："爸、妈，借人家的钱是可以还清的，但欠人家的人情一辈子也还不清啊!"就这样，花枝东拼西凑、预支工资帮我凑齐了学费。大学三年的两万多元学费都是姐姐省吃俭用、加班加点挤出来的。

事故发生后，当我们赶到医院的时候，姐姐已经被推进了手术室，正与死神进行着较量。晚上 12 点，手术室的门打开了，被截断的那一条腿，送到了我们手中，向来坚强的爸爸捧着那条腿，像个小孩一样放声大哭。

当知道自己失去左腿的时候，花枝流泪了，却没有哭出声，只是默默地看着前方，平静地说："我没事了，你们放心吧。"她就是这样，把痛苦埋在心里，不想任何人为她担心。爸爸曾经问过她："别人要先救你，你还推开，要他们救别人啊？"可花枝却微笑着说："爸，你以为只有你的女儿是宝贝啊？"她常说，比起那些在车祸中失去生命的人，她是幸运的，至少她还活着；她常说，车祸中去世的地陪导游小魏那么年轻漂亮，太可惜了，她的爸爸妈妈该是多么伤心！

出事之后，面对突如其来的改变，姐姐始终保持着她平和的心态。有记者采访她，问她为什么总是笑着，她回答说："哭着过一天，笑着过也是一天，那为什么不笑呢?"我知道这是她内心最真实的表达，这也是支撑她挺过来的信念。

虽说穷人家的孩子早当家，但姐姐为这个家实在是贡献太多了，做旅游两年多里她拼命跑业务、带团，没有放松过一天。就在去年 8 月，她刚帮着家里还清了三万多元的欠债，我也从大学毕业，按说好日子刚开头，家里盘算着一两年内把新房子建起来，姐姐也计划找个学校继续深造，可谁知……

姐姐不但人长得漂亮，心地也特别好，再加上职业的关系，所以追求她的男孩子很多，公司里很多同事都热心地给她介绍对象，但她每次只是礼节性地和别人见一面就不再来往。她总是说这个男孩子不适合自己，其实真正原因是不希望增加别人的负担，总想等着家里欠债还清，我和弟弟都参加工作后再考虑自己的终身大事。

姐姐啊，原本我玩笑地许下承诺，等我毕业后，要为姐姐卖三年苦力来偿还姐姐对我的恩情。今后，我到哪儿，我都会把姐姐带到哪儿！我住哪儿，姐姐就住哪儿！有我一碗饭，就有姐姐一碗饭！

姐姐现在虽然没有了一条腿，但她终于有时间、有机会想自己以前该想但没有想的事情，做自己以前该做而没有做的事——学习深造，收获爱情。我相信，好人必有好报，她的大学梦一定会圆，她等候的青蛙王子一定会出现！

➡️ 时代呼唤"花枝精神"

★★★★★

湘潭市旅游局局长　熊兴保

"8·28"洛川事故发生后第二天，我赶到了事故发生地。洛川县人民医院孙院长动情地告诉我，不管是在车上等待救援，还是送进医院等待救治，不管是醒着还是昏迷，花枝始终把装有3万多元团款的小挎包，紧紧地抱在胸前。直到上手术台，她才把挎包交给孙院长保管。花枝这么做，并不是因为害怕丢失了团款赔不起，而是用自己的生命作为代价，在履行着一种责任，在呵护着一种对游客诚信的诺言。

花枝回到湘潭治疗的第一天，我去看望她。这时，她已经知道了截肢的残酷事实。但让我深感意外又深受感动的是，花枝的脸上，始终绽放着美丽的笑靥。笑得那样灿烂，那样阳光。

花枝的笑容美丽，但更美的是她的精神。危难关头，她淡定从容，坚毅刚强，把生的希望让给游客，把死亡的威胁留给自己。生死时刻，她恪尽职守，全力保护集体财产。身处逆境，她无怨无悔，笑对人生。从她身上折射出来的品质和精神，是中华民族传统美德的传承与发扬光大，是对社会主义荣辱观最好的诠释。

通过媒体的广泛传播，"花枝精神"感动了社会各界。面对荣誉和鲜花，花枝非常地平静，甚至不愿意提起自己的事迹。很多热心朋友要为她捐款，都被她婉言谢绝。一位美国拉斯维加斯的华人多次要花枝告诉她银行的卡号汇钱给她，花枝始终没有告诉。

浙江一位企业负责人坚持要为花枝的弟弟负担大学的学费，花枝却对他说，请你将这笔钱捐给那些更需要帮助的贫困学生。

　　"花枝精神"有如春风化雨，润物无声。一个以花枝为榜样的花枝群体，悄然形成。湘潭成立了"花枝导游队"，在毛主席家乡韶山设立了"花枝义务导游岗"。湖南旅游行业不断把向文花枝学习的活动引向深入，开展了"诚信旅游三湘行"活动。

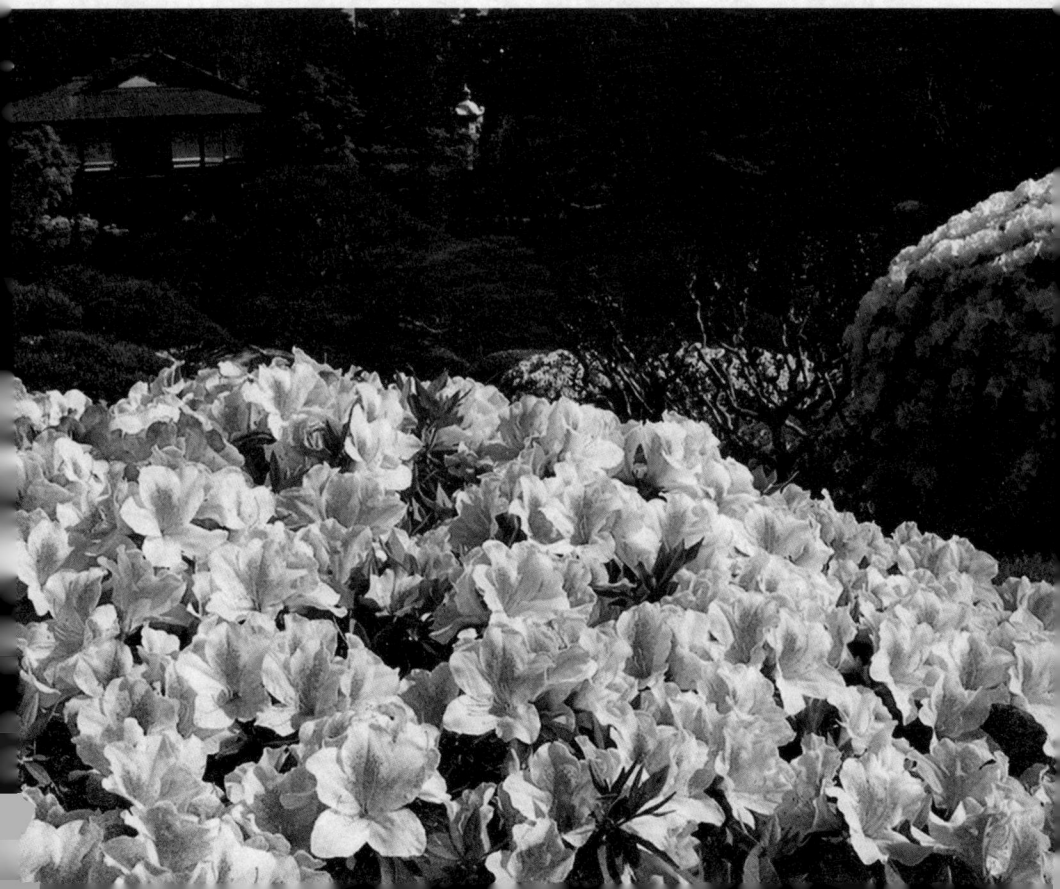

花枝俏

→ 对话文花枝

★★★★★

　　"我只是一个普通导游，比起遇难的同行我已经很幸运了。"2005年最后一天，在抵达湘潭的当天晚上，记者见到了这个坚强的姑娘。面对提问，花枝没有过多叙述当时的情形，她只是平静地说："我对我当天的举动并不后悔。"

　　"花枝，你还记得车祸发生时的情形吗？"

　　"说实话，能记得非常清楚的不

是很多，我坐在第二排，看到卡车直冲着旅游车撞过来。"

"你还记得当时说过些什么吗？"

"好像就是让大家坚持，让大家加油，我们一定会没事儿的之类的。"

"还有呢，更细一点的呢？"

"……我真的记不得了。"

"车祸发生时你第一个念头是什么？你感觉到自己受伤了吗？你没有害怕吗？"

"感觉自己情况不是很严重，看到出血和露出的骨头，但后半阶段已经没有知觉，感觉不到疼痛，所以不是很害怕。第一个念头，就是，哇，幸亏没穿那条新牛仔裤。"（笑）

"当交警想要先把你救出来时，你却说'我是导游，先救游客'。当时是怎么想的？"

△ 中国最美丽的女导游文花枝

"其实真的什么都没想，也容不得你想什么，大概就是一种本能……真的再有的话，可能就是'责任'了。"

"因为耽误救治，你失去了一条腿，

你真的不后悔吗？"

"其实，我已经算是幸运的。因为跟我同车的那个西安导游还有司机连命都没有保住。而且，我考虑问题喜欢从反面想，当时送到洛川县医院，医生认为双腿都要截肢才能保住性命，后来看我伤得太重，他们不敢医治，才又转到了西安。试想，如果我早被救的话，可能在洛川县医院直接把两条腿都截掉了。所以正因为送得比较晚，才保住了一条腿。"

"有没有想过对于一个 23 岁的姑娘来说，失去一条腿意味着什么？"

"大概以后再也不能穿紧身牛仔裤了。"（笑）

"别人问你为什么总是笑，你说是因为自己牙齿白，是这么想的吗？"

"我的牙齿是比较白嘛！"

"那有没有自己偷偷哭过？"

"其实刚从医院回到家里有段时间，总会莫名其妙地很烦，看什么都不舒服，也会对父母发些脾气。不过现在好多了。"

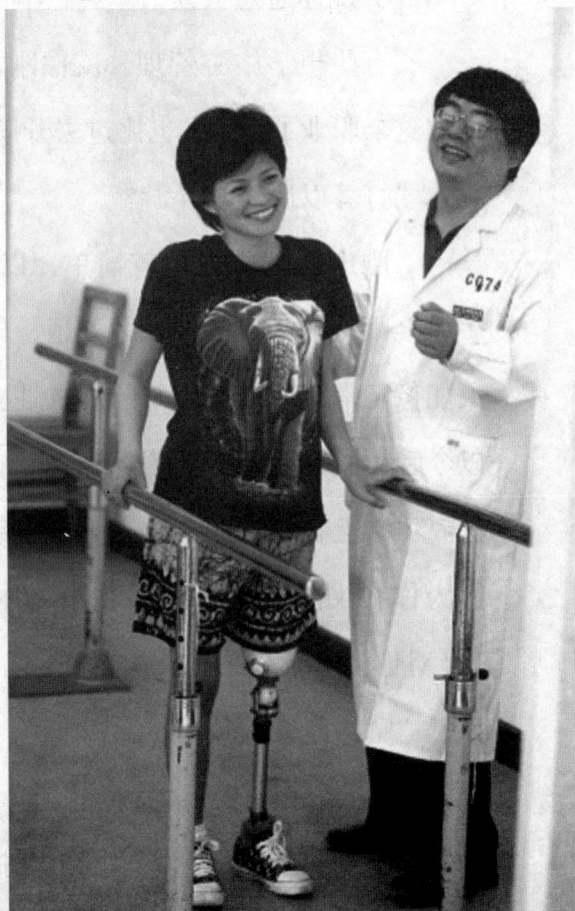

▷ 花枝装上了义肢

"你喜欢导游这个职业吗？"

"谈不上喜欢，开始不喜欢，因为性格，现在干下来，有些喜欢了。"

"听说你还想去读书，会想学什么专业呢？"

"有些想学旅游管理。就像刚才说的，现在有点喜欢这个职业了，性格也比过去开朗多了。"

"打算以后还当导游？"

"刚出事时想得比较简单，以为自己装上假肢，一切会跟从前一样。现在才知道，即使装上假肢也不太能像正常人那样行走。导游的职业有其特殊性，所以今后大概带不了团了。"

"网上有好多朋友关心你，也纷纷留言，如果我们为你在网上建一个个人主页，你愿意跟大家交流吗？对你会不会是一种负担？"

"嗯，甜蜜的负担。"

《中国旅游报》记者　李晓庆

2006 年 1 月 9 日

"你好，我是花枝"

★★★★★

昨日上午 10 时到 11 时 30 分，在湘潭市文花枝的小屋里，数十名读者通过本报热线，将自己的问候传到她的耳中，而花枝也将爽朗的笑声，送给了所有关心自己的人。

真的想去看看你

昨天，刚刚从北京回怀化的洪战辉，通过晨报热线给花枝打电话。

△ 快乐的文花枝

听说是洪战辉，花枝的脸上掠过一丝紧张，

"他现在可是超级大红人哦——"

"花枝，你身体还好吧？真的好想去

看看你。"洪战辉洪亮的声音充满磁性。

"你还是别来的好，来了的话，我太

激动了，怕受不了，而且那么多人都认识你，我怕会造成湘潭交通堵塞。"

"你现在已经是大明星了，肯定有好多人要来看你，说不定还会扯你的衣服，扯下来找你要签名呢！"花枝一脸的坏笑，"我也肯定要扯一块衣服下来，让你给我签个名！"

"那我就乔装打扮，不让人认出来。"两个同为23岁的湖南名人聊得颇为投机。花枝对洪战辉说的"当名人也不好"深表赞同，说："其实大家都是普通人，不是大腕也不是明星。"

当被洪战辉问起是否想读书时，花枝严肃起来："我还是想搞旅游这个行业，等自己康复了还是学旅游专业。你和你妹妹也要好好学习，现在好多人都以你为榜样呢！"

"我们一起努力吧，过几天我一定去看你！"电话那头，洪战辉非常认真地说。

除了给花枝打电话，洪战辉还给花枝发了一条短信："听到你的声音后，我觉得一切鼓励和安慰的话都是多余的！唯一的想法就是去看看你，与你一起开心地聊天。"

我们都要学习你的精神

一名退休的高级工程师打进热线，亲切地问候比自己的女儿都小的花枝。

"那您是刘老师啊，您的声音听起来特年轻哦！"坐在床头的花枝做起了鬼脸。

"谢康生副书记说得很好，你的确是'我们时代真正的超女'。我们各行各业的人都要学习你这种敬业的精神！"刘先生说自己不好意思，没什么积蓄，不能在经济上给花枝一些帮助。

"不用了，刘老师。能接到您的电话

我就很感谢了，我只是做了我应该做的事。"花枝低着头，认真地说。

时间已到了 11 点，原计划 10 点半结束的热线，却依然响个不停。

"平时都干些什么？自己一个人单独在家的时间多不多？有没有感觉到无聊？"……读者一个接一个的问题，让花枝招架不住。

花枝说自己做导游后，性格变得开朗起来，也成了一个闲不住的人："我自己都想不到自己居然能坐这么久，现在身体恢复得差不多了，也能顺利坐起来了，我也该好好充充电。"

要做姐姐那样的导游

"我最大的梦想，就是做一名像花枝姐姐那样的导游。"长沙一中 14 岁的龚同学特别崇拜花枝姐姐，"你真的很了不起，乐于奉献的精神让我感动。"

龚同学说自己在省博物馆马王堆汉墓做了半年多

的讲解员，遇到了不少疑问，希望花枝姐姐能指点指点。

"佩服，真是佩服。"花枝由衷地赞叹，"你是我接的电话中年龄最小的一个。""'小粒子'真厉害。你能参加省博的讲解，而且能打电话提出很专业的问题，已经让我很佩服了。"

龚同学问起当时花枝出事时的第一感觉是什么，是否也紧张、惊慌。"很抱歉，真是遗憾，我不记得了，可能是失血导致失忆吧！"

龚同学依然追问："失去一条腿，你觉得可惜吗？""可惜！"虽然触到了自己的伤疤，但花枝还是耐心地回答他的问题。

带团时遇到车祸该怎么办？游客躁动怎么办？某一个问题游客一直问下去怎么办……面对龚同学的这些问题，花枝说首先应该安抚游客情绪。

花枝说自己考导游时，曾经考到遇到车祸后导游该怎么办，她回答说一是报警，二是向旅行社汇报，三是帮助警方了解事故经过。一二三，她本以为已经很完整了，但没想到考官说她忘了最重要的一方面："最重要的你没说，首先应该安抚游客的情绪！"

"没想到，我在带团时真的遇上了车祸，我也首先按考官交代我的去做了。真是巧合！"花枝露出洁白的牙齿笑了。

花枝是我们的骄傲

"请问是花枝吗？"昨天上午还不到10点，记者刚到花枝住处，长沙的导游王先生便打进电话。

"你也是导游,那我就叫你王导了哦。"花枝一拿起电话，十几平方米的房间里顿时充满了笑声。

"很多人认为导游行业有猫腻，在别人心中有些不太好的印象……"王先生话没说完，花枝便笑着打断了："不要这么说,在我心中，导游行业是健健康康的呀！"

王先生自己带团时也发生过事故，有一次游客掉进海里，他靠职业本能自己也是先把游客救了上来。"你也让我很感动。"花枝露出惺惺相惜之情。

"站在同行的角度，我代表云南的同行向你致敬！花枝是导游同行的骄傲，她高大的形象矗立在我们心中！"带团到长沙的云南导游黄先生，一到长沙便看到了本报的报道。黄先生特别感动："花枝所做的，换成我自己是做不到的。你的所作所为代表了我们这个行业的精神，希望你早日康复。"

你为家乡人民争了光

"花枝吗，我也是湘潭人。"一口地道的湘潭话从电话中传来，"我和你是老乡，你为家乡人民争了光，你是湘潭人的骄傲，我们向你表示敬意！"

听到这么高的评价，花枝毫不掩饰地哈哈大笑："我是韶山人，不会说湘潭话，只能用普通话和你交流了。"

"花枝，你平常上网不？可以在网上聊吗？我的QQ号码是……，你加我为好友吧！"老乡显得格外热情。

"那我也要看你QQ上的个人资料写得好不好，好的话才加哦。"花枝的俏皮话把一屋子人都逗乐了。

"花枝妹子，你一定要好好生活，过得快乐，我们都会一直关心你，给你提供帮助的。"老乡再三叮咛，才挂上了电话。花枝马上在床头本子上记下老乡的QQ号，喃喃地说："每天下午我都要上网聊聊天。"

《潇湘晨报》记者　杨过　邓蓉

2006 年 1 月 20 日

➔ 出事以来总共哭过三次

★★★★★

1月19日，在文花枝湘潭的住处，就读者最关心的问题，记者面对面采访了这个"美丽的阳光女孩"。

我没那么伟大

记者问（以下简称问）：你被评为2005年"湖南十大新闻人物"，国家旅游局也发出向你学习的号召，你现在成了名人，网上关于你的帖子很多，你看过吗？

文花枝答（以下简称答）：很少看，挺不好意思的。报纸送到我手上我都不敢看，好丑的，我觉得自己做的是很普通的事，我没那么伟大。

问：媒体曾报道说你准备装上假肢之后继续当导游，现在还是这样打算的吗？

答：刚出事时想得比较简单，以为装上假肢，一切就跟以前一样。现在才知道，即使装上假肢也不太可能像正常人那样行走了。所以导游看来是当不了了，但我可以从事旅游工作。康复之后，我最想做的事是去读书，中专毕业6年来，我感觉自己读的书太少了。

问：学费从哪里来呢？

答：肇事方和保险公司会赔我钱呀！

问：装一个假肢可能需要十几万元，你现在有这个钱吗？

答：国家旅游局局长可能过几天要来看我，国家旅游局答应出钱给我装一个假肢。

问：遭遇车祸左腿截肢后，你在生活中遇到的最大困难是什么?

答：在床上躺了太久，都不知道怎样抬腿了，连正常的右腿膝盖都不知道如何弯了。我拄着拐杖练走路时，不会走了，就让妹妹先走几步给我看，看她哪个部位、哪块肌肉先动，然后跟着练。现在一次已经能走几百米了!

总共哭过三次

问：从出事到现在你哭过几次?

答：三次。

问：第一次是不是得知自己截肢后那次?

答：是的。

问：另两次呢?

答：我记不清了，我真的不想说这些。

（说起不高兴的事，她立即蔫蔫的，躺在

床上抱着自己的"娃娃猪"打哈欠。)

记者本来想问花枝觉得自己什么时候最漂亮，但怕这个问题刺激她，就改问：你屋里挂了这么多你的照片，你觉得哪张最漂亮？

答：都好看！你说不是吗？

谈起自己的美丽，她立即坐起来，屋里又响起银铃般的笑声。

《潇湘晨报》记者　杨过　邓蓉

2006 年 1 月 21 日

→ 英雄就在我们身边

★★★★★

在我们这些出生于上个世纪七八十年代的年轻人心目中，对于英雄人物常常带有一种疑惑：现在的社会还会有英雄吗？还会出现足以震撼我们的高大形象吗？

今天，我找到了答案：英雄就在我们的身边。

一场突如其来的车祸，数十位游客经历了人生的劫难，而我们从此认识了一位自始至终笑靥如花年仅23岁的花季女孩，一位感动了 2005 年，令大家都记住了的英雄导游，她有一个平凡而又伟大的名字——文花枝。

23 岁，如花的年龄，有着多么美好的未来和希望，她本可以放飞一段飞扬的青春，成就一个美满的人生。可在一起车祸发生之际，一位普普通通的导游员，毅然不顾自己锥心的痛苦与生命危险，却把异常宝贵的救援时间留给了游客。这是怎样的一种精神，又是怎样的一种信念支撑着这么一个弱小的身躯啊。作为一名与文花枝同行的导游员，听闻了她的事迹，我除了惊讶，除了心痛，更多的是一种由衷的感动和钦佩。

当我们忍受着肉体剧烈疼痛的时候，有谁能够强咬牙关，不发出一句呻吟呢？当我们置身血泊中的时候，有几人能够首先想到安抚游客的情绪、关注游客的安危呢？当我们面对残缺的肢体的时候，有谁能够依然展露自己如花的笑靥呢？这一切，这位未满 23 岁的青春少女做到了！

坐在轮椅上的文花枝身处逆境，依然笑对人生，以积极乐观的心态感染着周围每一个人。作为一名年

△ 文花枝在做报告

轻导游员，她的乐观、她的自信、她的笑容展示了她崇高的思想境界，谱写了一曲完美的人生乐章。

榜样的力量是无穷的。在知道了文花枝同志的事迹后，我们湖南中青旅全体员工被深深地震撼了，导游员们落泪了。在公司组织的一次有关文花枝事迹专题讨论会上，同事们尤其是我们的导游员们踊跃参与，大家纷纷表示要向文花枝同志学习。现在社会上对导游行业口碑较差，需要我们所有的同行来扭转这种氛围。我真诚地希望，我们每一位湖南导游员都能够以文花枝为榜样，重塑导游员在公众面前的良好形象。

走进湖南中青旅，在我们的文化橱窗，张贴着向文花枝学习的倡议书，张贴着文花枝事迹的相关报道，张贴着每一位导游员写给文花枝的美好祝愿。路过的每一位员工包括一些游客都在版面上签名祝福，期待着用这种方式表达自己对花枝妹妹最真实的情感。同时，在事迹报道的旁边也张贴着我们自己的团队意见书，上面游客的认可与赞扬充分证明了导游员们把向文花枝同志学习的行动落到了实处。

花枝妹妹，你是我们导游的楷模！你是我们行业的骄傲！

湖南省中青旅国际旅行社有限公司

周　君

2006 年 1 月 16 日

→ 血性之花美丽独绽

☆☆☆☆☆

文花枝总在笑，与人相处的时候，她留下的总是最美丽、最乐观的一面。

她不愿因为自己，而给任何人留下阴影。

2005年8月28日，在那场扑面而来的灾难中，她留给她的游客的是："加油！加油！大家一定要坚持，等待救援，要活着出去！"她留给救援人员的是："我是导游，先救游客。"

"导游"或许不是一个理由，但

在文花枝这里，它是一种坚持，一种责任。

2005 年最美丽的那朵花，开在一场惨烈的车祸中，开在一种宁静的坚守中。这个女孩几度昏迷，醒来时却总在平静地鼓励，总在执着地守望。后来，救治她的医生说，如果她能及早得到救治的话，就有可能避免截肢；后来，她哭过了三次，"觉得自己实在受不了，眼泪都把整个眼睛堵得满满的，再不哭出来就会爆炸"。

但当时，她却这样做了，一种天然的血性，一种天然的淡定。那一年，她未满 23 岁，那一朵天山雪莲样的花，因为纯净而美丽，因为在绝境中的坚持而美丽。

而我们，再回首那一幕惨烈的时候，少了一分绝望，多了一分信天游的天高云淡。我们相信，这个世界因此而美好。那个女孩，也许只在夜深人静的时候才会注目那空荡荡的裤管，那丢失的左腿，她说："平时躺着不会有感觉，猛地掀开被子，才突然觉得空了。"

生活是空了一部分，但那心灵，从未空虚也永不空虚。

而我们，在看着这个女孩蹒跚走向红尘深处的时候，会饱含热泪，会一生祝福，我们会相信美丽，相信人生。那一朵花，她绽放着自己的坚强，绽放着内心的从容，那一种平静的无畏，那一种刚毅的决绝，是血性之美，是血性之花。她的美丽因为气质，她的美丽源于心灵，她独自迎风，她独自傲险，不因环境而变异，不因红尘而失色。

　　突然想起，出事之后，南方有家公司想捐款资助花枝的弟弟读大学，却被她谢绝，说："我们家的账已经还清，况且从来也没觉得家里穷，为什么要接受呢？"

　　人世间，百媚千红，哪抵这一枝纯净的秀色——不以物喜，不以己悲，枝已折，花仍美。

　　血性之花美丽独绽，美丽不在于临水照影，而在于临心照己。文花枝不愿意再回忆过去，而我们将与她一起拥有一个未来。

《潇湘晨报》评论员　晓　宇

2006 年 1 月 20 日

花 枝 秀

→ 文花枝日记摘录

★★★★★

    以下的 19 篇日记，是文花枝在 2003 年 3 月至 5 月写的，真实地记录了她在从事旅游职业前后的生活经历和内心世界。我们可以从中真切地感受到，花枝不仅是一个热爱生活、孝敬老人、关爱家人的好姑娘，而且是一个好学上进、发愤图强的好青年。她在选择职业时也有过犹豫不决，初次跟车带团外出旅游时也碰到过困难，在工作、学习时也产生过疲惫，但是她一直发奋努力，坚持了下来。她有一个向上的心——"对前途充满信心"。

2003年3月10日　星期一　晴

今天下午学电脑，练习打字，练五笔。通过不断的练习，渐渐找到了感觉，现在一分钟能打 24 个字，好高兴！但我发现坐我旁边的那个男生一分钟能打 40 多个字。一般来说，女生要比男生快，我却比他慢，看样子，真要加油了。

学完电脑后，上街游玩，买了个 1.5 元的鸡蛋饼充饥。在街上，有好多招聘广告，其中最中意的是樱花新娘的门市小姐、手机店营业员、名典咖啡屋营业员，可是我没有勇气进去。我口袋里只有两百块钱了，看来要再找一份工作才能远行。

2003年3月11日　星期二　阴　有雨

今天庆祝罗茜考上了研究生、霆哥通过了程序员考试、雷哥哥的旅行社两三天后就要开业。一家四口乐开了花，不知章栋的考研过了没有？他那么优秀、那么努力，肯定会过的。雷哥哥边给罗茜夹菜，边说："以后我爸爸走出去都有光彩了。"我又何尝不想我爸爸走出去也有光彩呢？现在，他的女儿口袋里只有一百多块了，连一份工作也没有，我不能后悔，怎么能后悔呢？大家都在看着我呢，我不能成为笑话。

2003年3月17日　星期一　有雨

向姨要我明天买些礼物去雷哥家，明天是他外公的 70 大寿，我想想也是，要不是向姨提醒，我都忘记了。向姨建议去买个十几块钱的蛋糕算了，我认为太小气，要买就买最好的，可问了三家店子，价格都太贵。干脆，买鲜花吧。又怕老人家嫌太浪费。这次可是我独自面对"人情世故"呢！

又及：去上机做老师布置的作业，竟然没几个题会做，真是郁闷啊。

2003年3月18日　星期二　小雨

外公过生日,看到我送来的花,很高兴,连夸我是个好女孩。哈哈，这束花虽然只有 20 元，但是内容很丰富。瞧，有三朵郁金香、两枝百合、一支玫瑰，其余就以康乃馨居多了，还挺漂亮的，我得意地笑了。今天幸亏没送蛋糕，桌上已经放了一个包装精美、很大的"万利隆"蛋糕了。好险，我要再送蛋糕的话，无论如何也不能和这个相比了。我选择送花，既省钱，又很有面子。

2003年3月29日　星期六　晴

跟罗茜去湘潭大学，从正门到北门，

△ 湘潭大学门前字牌

竟然要坐两块钱的摩托，怪不得大家都说湘大是湖南最好最大的大学之一，果然不错。漂亮的教学楼、图书馆，很是气派。我和罗茜到了她同学宿舍里，这里的条件很不错。罗茜指着一个留齐耳短发的女孩对我说："她读书很厉害，她们寝室里的同学差不多都报考了研究生，而且大部分都考上了。她们今天又去考了普通话，她们真是好厉害！"看着三五成群的学生们，我很羡慕，心里由衷地祝她们幸福！

2003年4月7日　星期一　晴

雷哥问我要不要去他的旅行社，我们谈了一下，当我听到要自己四处跑业务、搞推销时，心里有点害怕了。但这却是一个锻炼的好机会，可我又向往在盘龙的稳定生活，导游说出去虽然名声好，但我还没有想好……

2003年4月8日　星期二　晴

　　偷偷地在雷哥家打了个电话给在长沙读书的妹妹文俏，想问问她的意见，当她说旅行社好时我心中好像一下子什么犹豫都没有了。难道我心中早有了这个想法？接下来，俏告诉我，她要去找份全职做，我惊讶极了。今天她已打电话给家里，爸爸去借钱了，她像大人似的对我说："你要找一份有长远打算的工作，我自己边工作边学习，你的工资只要能养活自己就行了。"俏确实比我好，我真没用，如果顺利，我也要去自考。对不起，俏。

2003年4月9日　星期三　多云

今天我算是口头上答应旅行社的工作了。晚上开了个会议，因为明天要我带团去长沙，雷哥和陈姐讲了一些应该注意的事项等。参加的人中有陈姐的妹妹莹莎，两个职大的大四学生张丽荣、刘君。我们五个年龄相仿，但她们有出息多了，我要像她们一样努力学习。

2003年4月10日　星期四　雨

早晨不到6点钟就起床了，今天要到文雷的旅行社去帮忙。这个旅游团大都是中小学生，有270人左右，共6辆车，是到长沙参观岳麓山鸟语林、烈士公园。我跟文雷一辆车。可惜天公不作美,刚到长沙,便下起了大雨，但这群小孩依然兴致勃勃，他们在岳麓山鸟语林观看各种各样的鸟时，异常兴奋。

午饭后，车开往烈士公园时，雨下得更大，根本不能下车。文雷去忙其他车上的事情，要我看管这部车，这可急坏了我。我由于事先没有数清上车的人数，要我看管这部车，一急，数来数去，每回人数都不一样，真令人提心吊胆。还好没有出什么事，平安回来。我这是第一次跟车，没有经验，像笨蛋一样。看样子，要好好努力，增长见识。

2003年4月13日　星期天　阴

今天看了有关介绍莲城（湘潭被称为莲城）和韶山方面知识的书，还看了电视。默记中国历代纪元表：夏、商、西周、东周（春秋、战国）、秦、西汉、东汉、三国（魏、蜀、吴）、西晋、东晋十六国、南朝、北朝、隋、唐、五代十国、宋（北宋、南宋）、辽、金、西夏、元、明、清、中华民国（1912–1949）、中华人民共和国（1949年10月1日成立）。

2003年4月17日　星期四　晴

婶婶上午回来了，所以今天我不用去店面那里。很难得，看了一下午的书。

2003年4月22日　星期二　阴

"非典"的恐惧好像有一点了，风传长沙发现了一例。我很担心，马上想到了在长沙读书的文俏，她怎么样了？还有老是生病的文罗，还有爸妈。我不知道他们身体如何，真令我牵挂。

2003年4月23日　星期三　阴

我手脚笨，做事又太慢。我想我会努力，成为一个好导游。

2003年4月24日　星期四　阴，有时雨

吃完晚饭，把厨房收拾干净后，我踱进了霆哥的房间，正愁没什么话可说时，雷哥走过来问：“你现在每分钟可打多少个字？”我如实回答：“已经很久没打过字了。”“这怎么行？”雷哥对我说，“这么不用功，有现成的电脑给你也不用……”我觉得自己的脸在慢慢发烧，心里真的很难受。婶婶总是要我努力学习，文雷也经常这么说，我一定要克服自己的毛病，努力学习。

2003年4月25日　星期五　晴

今天看到一个叫欢欢的女孩子，打字快，懂电脑，表现也很大方得体。我知道，人在小时候，人们喜欢乖巧安静的，而长大了，人们却喜欢有本事的。我一定争取成为有本事的人。相信吧，花枝，你是世界上最可爱的人，最美丽的人！

2003年4月26日　星期六　晴

文雷首先让欢欢打了几个电话给各旅行社后再让我来打联系电话，当时我满脸通红，生怕出洋相。我学着打了几个电话，还好，一旦尝试了以后，就觉得没什么大不了的。

2003年4月27日　星期一　晴

晚饭时，婶婶要我努力学习，灵活点，要眼观六路，耳听八方，不要怕丢面子。我记住了婶婶的话。

2003年4月29日　星期二　小雨

下午和欢欢在二楼聊天，原来她是湖大旅游系毕业的，因此对岳麓山很熟悉。她给我讲了岳麓山的故事，还说，当导游主要要会讲名人典故，要学会唱歌、讲笑话、有责任心等。具备了这些条件，你就是一个合格的导游了。

2003年5月1日　星期四　晴

今天正式培训，我对前途充满了信心。

后 记

犹有花枝俏

　　时隔七年，重新品读文花枝的英雄事迹。

　　这个当时才 23 岁的花季少女，花一样的容貌和花一样的年华下，更有着花一样纯洁的心灵。看着她的如花笑靥，"我是导游，先救游客"的声音似乎还在耳边回荡，2005 年，她用这句朴实而又坚定的话拒绝了准备率先营救自己的救援队，同时也正是这么一句简单的话，感动和震撼了所有人的心灵——直到如今！

　　"花枝的美丽——这是一种朴实无华和纯真无邪的美丽，使人心醉；花枝的灿烂——这是放射着青春光辉并闪耀着生命壮丽的灿烂，让人感动；花枝的微笑——这是遭受重创之后仍然乐观向上的微笑，催人奋进；花枝的精神——这是凝结着民族灵魂与高尚品格的精神，令人震撼！"这是当时湖南省旅游局副局长刘之明为花枝写的一段赞美词，用在这里依然是恰如其分。

今日，重新梳理文花枝的感人事迹，重新整理关于花枝的一切报道，重新比较花枝事故前后与现在，我惊奇地发现，花枝更美了！她的笑容较以前更为璀璨，她的言语较以前更为自信，她的身影较以前更为挺拔！

动人心扉的是花枝朴实的美丽，无惧无畏是花枝坚定的选择。本书整理了关于文花枝的点滴故事，详细回顾了花枝的感人事迹，希望读者朋友们能感受到花枝心灵的美丽与灿烂，能汲取"花枝精神"所蕴含的真义。不管时间如何变迁，花枝的微笑和精神应永远定格在人们心中！

本书根据有关文花枝的相关新闻报道汇编而成，其中部分内容与图片采用了新闻原稿，旨在如实还原文花枝的相关事迹。部分文章未与作者及媒体取得联系，在此深表歉意。

编者

2012.10

100位

新中国成立以来感动中国人物

丁晓兵　马万水　马永顺　马恒昌　马海德　中国女排五连冠群体

孔祥瑞　　孔繁森　　文花枝　　方永刚　　方红霄　　毛岸英

王　杰　　王　选　　王　瑛　　王乐义　　王有德　　王启民

王进喜　　王顺友　　邓平寿　　邓建军　　邓稼先　　丛　飞

包起帆　　史光柱　　史来贺　　叶　欣　　甘远志　　申纪兰

白芳礼　　任长霞　　刘文学　　刘英俊　　华罗庚　　向秀丽

廷·巴特尔　许振超　　达吾提·阿西木　　邢燕子　　吴大观

吴仁宝　　吴天祥　　吴金印　　吴登云　　宋鱼水　　张　华

张云泉　　张秉贵　　张海迪　　时传祥　　李四光　　李春燕

李桂林和陆建芬夫妇　李素芝　　李梦桃　　李登海　　杨利伟

杨怀远　　杨根思　　苏　宁　　谷文昌　　邰丽华　　邱少云

邱光华　　邱娥国　　陈景润　　麦贤得　　孟　泰　　孟二冬

林　浩　　林巧稚　　林秀贞　　欧阳海　　罗映珍　　罗健夫

罗盛教　　草原英雄小姐妹　　赵梦桃　　钟南山　　唐山十三农民

容国团　　徐　虎　　秦文贵　　袁隆平　　钱学森　　常香玉

黄继光　　彭加木　　焦裕禄　　蒋筑英　　谢延信　　韩素云

窦铁成　　赖　宁　　雷　锋　　谭　彦　　谭千秋　　谭竹青

樊锦诗

图书在版编目（CIP）数据

文花枝 / 胡萍编著. —— 长春：吉林文史出版社，
2012.11（2024.5重印）
（100位新中国成立以来感动中国人物）
ISBN 978-7-5472-1263-9

Ⅰ. ①文… Ⅱ. ①胡… Ⅲ. ①文花枝－生平事迹－青
年读物②文花枝－生平事迹－少年读物 Ⅳ.
①K828.5-49

中国版本图书馆CIP数据核字(2012)第259846号

文花枝

WENHUAZHI

编著/ 胡 萍
选题策划/ 王尔立 责任编辑/ 王尔立 李洁华 任玉茗
装帧设计/ 韩璘
出版发行/ 吉林文史出版社
地址/ 长春市福祉大路5788号 邮编/ 130118
电话/ 0431-81629363 传真/ 0431-86037589
印刷/ 天津海德伟业印务有限公司
版次/ 2012年12月第1版 2024年5月第5次印刷
开本/ 640mm×920mm 1/16
印张/ 9 字数/ 100千
书号/ ISBN 978-7-5472-1263-9
定价/ 29.80元